PRIVILEGES

ACCORDEZ

AUX OUVRIERS

DEMEURANS

DANS LES GALLERIES

du Louvre.

A PARIS,

DE L'IMPRIMERIE ROYALE.

M. DCCIV.

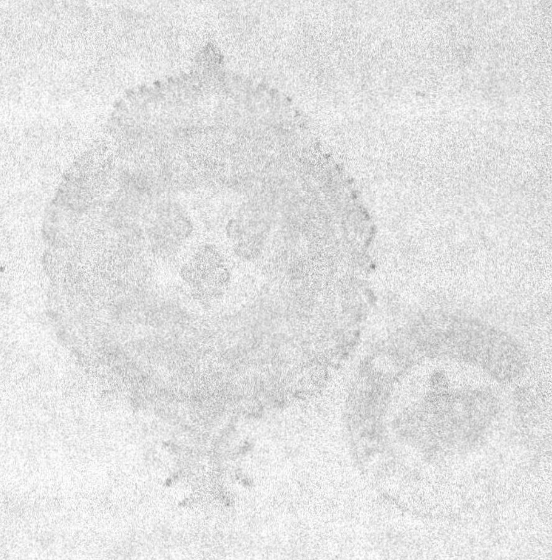

PRIVILEGES
ACCORDEZ
AUX OUVRIERS
DES GALLERIES DU LOUVRE.

LETTRES PATENTES DU ROY,
Qui permettent aux Ouvriers demeurans dans la Gallerie
du Louvre de travailler pour le public sans estre sujets à
visite: & de faire des Apprentis qui pourront s'établir
où il leur plaira. Du 22. Decembre 1608.

ENRY PAR LA GRACE DE DIEU ROY DE FRANCE ET DE NAVARRE; A tous ceux qui ces presentes Lettres verront, SALUT. Comme entre les infinis biens qui sont causez par la Paix, celuy qui provient de la culture des Arts n'est pas des moindres, se rendans grandement florissans par icelle, & dont le public reçoit une tres-grande commodité : Nous avons eu aussi cét

A ij

égard en la construction de nostre Gallerie du Louvre d'en disposer le bastiment en telle forme que nous y pussions commodément loger quantité des meilleurs Ouvriers & plus suffisans Maistres qui se pourroient recouvrer tant de Peinture, Sculpture, Orfévrerie, Horlogerie, Insculptures en Pierreries, qu'autres de plusieurs & excellens Arts, tant pour nous servir d'iceux, comme pour estre par mesme moyen employez par nos Sujets en ce qu'ils auroient besoin de leur industrie, & aussi pour faire comme une pepiniere d'Ouvriers, de laquelle sous l'Apprentissage de si bons Maistres il en sortiroit plusieurs, qui par aprés se repandroient par tout nostre Royaume, & qui sçauroient tres-bien servir le public. En quoy toutefois il ne succede pas comme nostre intention est. Car la pluspart de ceux que nous avons logez en nostredite Gallerie ayant esté choisis & attirez de plusieurs endroits de nostredit Royaume, & hors de cette nostre Ville de Paris où ils n'ont esté passez Maistres, se trouvent à present en une si mauvaise condition, qu'ils sont empeschez de travailler pour les particuliers, & aussi que ceux qui font Apprentissage sous eux ne sont pas receus à Maistrises par les autres Maistres de cette-dite Ville; de sorte que plusieurs jeunes hommes sont divertis par-là, de faire leur Apprentissage sous eux; & pour cette occasion ils ne peuvent trouver aucuns Apprentis à qui ils puissent enseigner ce qu'ils sçavent de plus exquis en leur Art, & desquels ils soient aussi secourus & soulagez és Ouvrages qu'ils ont à faire tant pour nostre service, comme ceux qu'ils pourroient faire pour nos Sujets. A quoy voulant pourvoir autant qu'il Nous est possible, & desirant aussi les gratifier & favorablement traiter tant pour l'excellence de leur Art, que pour l'honneur qu'ils ont d'avoir esté choisis par Nous, & logez en nostredite Gallerie : A CES CAUSES, & autres bonnes considerations à ce Nous mouvans ; Nous de nostre grace speciale, pleine puissance & autorité Royale, AVONS DIT ET DECLARÉ ; DISONS ET DECLARONS par ces Presentes pour ce signées de nostre main, Voulons & nous plaist, que Jacob Bunel nostre Peintre & Valet de Chambre, Abraham de la Garde nostre Horloger, & aussi Valet de Chambre, Pierre Courtois Orfévre & Valet de Chambre de la Reine nostre tres-chere & tres-amée épouse & compagne, Frangueville Sculpteur, Julien de Fontenay nostre Graveur en Pierres precieuses, & Valet de Chambre, Nicolas Roussel Orfévre & Parfumeur, Jean Séjourné Sculpteur & Fontenier, Guillaume Dupré Sculpteur & Controlleur general des Poinçons des Monnoyes de France, Pierre Vernier Coustellier & Forgeur d'Espées en acier de damas, Laurens Setarbe Menuisier faiseur de Cabinets, Pierre des Martins Peintre, Jean Petit Fourbisseur Doreur & Damastineur, Estienne Flantin Ouvrier des Instrumens de Mathematiques, Antoine Ferrier Horlogeur & aussi Ouvrier esdits Instrumens de Mathematiques, Alleaume Professeur esdites Mathematiques, Maurice Dubout Tapissier de haute-lisse, Girard Laurens aussi Tapissier de haute-lisse, Pierre Dupont Tapissier és ouvrages de Levant, Marin Bourgeois aussi nostre Peintre & Valet de Chambre, & Ouvrier en globes mouvans, Sculpteur, & autres Inventions ; Maistres par nous mis & logez en nostredite Gallerie, & ceux que nous mettrons és Places & Maisons qui ne sont encore

A iij

remplies en icelle ; enſemble ceux qui leur ſuccederont eſdites Maiſons à l'avenir, de quelque art & ſcience qu'ils ſoient, puiſſent travailler pour nos ſujets tant eſdites Maiſons & Boutiques d'icelle Gallerie, que en autres lieux & endroits où ils les voudront employer, ſans eſtre empeſchez ni viſitez par les autres Maiſtres & Jurez des Arts dont ils ſont profeſſion de noſtredite Ville de Paris ne ailleurs. AURONT ET LEUR AVONS PERMIS de prendre à chacun deux apprentis, dont le dernier ſera pris à la moitié du temps ſeulement que le premier aura à demeurer en apprentiſſage, afin qu'auparavant que ledit premier en ſorte, il puiſſe eſtre inſtruit en l'art pour le ſoulagement du Maiſtre, & aider à dreſſer celuy qui ſuccedera aprés audit premier ; Qu'entrant audit apprentiſſage ils s'obligeront aux Maiſtres par bon Contract paſſé devant Notaires, & ayant ſervi & parachevé leurs temps, leſdits Maiſtres leur en bailleront Certificat en bonne & deuë forme, ſur leſquels tant les enfans deſdits Maiſtres, que Apprentis, de cinq ans en cinq ans ſeulement, ſeront receus Maiſtres tant en noſtredite Ville de Paris, qu'en toutes les autres Villes de noſtre Royaume, tout ainſi que s'ils avoient fait leur apprentiſſage ſous les autres Maiſtres deſdites Villes, ſans eſtre abſtraints faire aucun Chef-d'œuvre, prendre Lettres, ſe preſenter à la Maiſtriſe, faire appeller lors qu'ils ſeront paſſez les Maiſtres deſdites Villes, où leur payer aucun feſtin ne autre choſe quelconque ; ne eſtre ſemblablement tenus cinq ans auparavant ſe faire inſcrire par nom & ſurnom au Regiſtre de noſtre Procureur au Chaſtelet dudit Paris, dont en conſideration de ce qu'ils auront fait ledit apprentiſſage en noſtredite Gallerie, Nous les avons dispensez & déchargez, dispensons & déchargeons par cesdites presentes. Les Maistres orfévres d'icelle Gallerie seront tenus d'apporter les besongnes qu'ils feront pour le public marquées de leur Poinçon pour celles qui le peuvent & doivent estre, soit or ou argent en la maison des Gardes de l'Orfévrie, pour estre marquées de la marque desdits Gardes, à l'instar de tous les autres Maistres Orfévres de nostredite Ville de Paris avant toute chose. Et cas arrivant que Nous ou nos Successeurs Rois vinssions à mettre hors de nostredite Gallerie aucuns desdits Maistres sans nous avoir fait faute ou offense qui nous pust mouvoir de ce faire : en consideration du temps qu'ils y auront demeuré, & du service qu'ils nous y auront fait ; en estant hors joüiront de leur Maistrise tout ainsi qu'ils faisoient estant demeurans en icelle pour tenir Boutique, & travailler és Villes de nostredit Royaume où ils se retireront, sans qu'il leur soit donné aucun empeschement. Si donnons en mandement à nos amez & feaux les Gens tenans nos Cours de Parlemens, Prevost de Paris ou son Lieutenant ; & à tous Baillis & Seneschaux, Prevosts, Juges, ou leurs Lieutenans, & autres Officiers qu'il appartiendra, que ces Presentes ils ayent à verifier, & du contenu en icelles faire joüir & user tant lesdits Maistres que leurs Enfans & Apprentis pleinement & paisiblement, sans leur faire ne souffrir leur estre fait, mis ni donné aucun trouble, destourbier ou empeschement au contraire. Voulons qu'aprés que lesdits Apprentis leur auront fait apparoir de leurs Contracts portant obligation pour leurdit Apprentissage passez pardevant Notaires ou Tabellions, & des Certificats deuëment expediez

de leursdits Maistres, comme ils auront employé audit
apprentissage le temps requis & accoustumé en chacun
art & mestier, ils ayent à les recevoir à Maistrise, & les
établir de par Nous en l'exercice de leur Art, ainsi qu'il
est contenu cy-dessus : CAR tel est nostre plaisir : nonobstant quelconques Ordonnances, Reglemens, &
Lettres à ce contraires, ausquelles & à la dérogatoire
de la dérogatoire d'icelles, Nous avons pour ce regard
dérogé & dérogeons de nostre mesme puissance & autorité que dessus : en témoin dequoy, Nous avons fait
mettre nostre scel à cesdites presentes. Et pour ce que
l'on en pourra avoir affaire en plusieurs & divers lieux,
Nous voulons qu'au vidimus d'icelles, ou copies deuëment collationnées par l'un de nos amez & feaux Notaires
& Secretaires, foy soit ajoustée comme au present Original. DONNE' à Paris le vingt-deuxiéme jour de Decembre, l'an de grace mil six cens & huit, & de nostre
Regne le vingtiéme. *Signé*, HENRY. *Et sur le reply*,
Par le Roy, DE LOMENIE.

Et sur ledit reply est encore écrit, Registrées, Oüy le
Procureur general du Roy, pour joüir par les Impetrans & autres Ouvriers qui seront cy-aprés mis & logez
par le Roy en ladite Gallerie du Louvre de l'effet & contenu. A la charge de ne tenir Boutique qu'en ladite Gallerie tant qu'ils y seront demeurans. Et au cas qu'ils en
soient mis hors, ne pourront joüir de la Maistrise, & tenir Boutique en cette Ville, & autres s'ils n'y ont demeuré & servi cinq ans continuels. A Paris en Parlement le
neuviéme Janvier, l'an mil six cens neuf. *Signé*, DU
TILLET.

Registrées

Regiſtrées au neuviéme Volume des Bannieres, Regiſtre ordinaire du Chaſtelet de Paris, Oüy ſur ce le Procureur du Roy audit Chaſtelet, pour joüir par les Impetrans du contenu eſdites Lettres ; aux modifications
portées par l'Arreſt de la Cour de Parlement. Fait & re-
giſtré audit Chaſtelet le Samedy quatorziéme jour de
Fevrier mil ſix cens neuf. *Signé*, DROUART.

Regiſtrées, Oüy ſur ce le Procureur general du Roy,
ſuivant l'Arreſt de cejourd'huy en la Cour des Monnoyes
ce ſeptiéme Aouſt mil ſix cens neuf. *Signé*, DE LAISTRE.

CONFIRMATION

des Privileges accordez aux Ouvriers qui demeu-
rent dans la Gallerie du Louvre. Au mois
de Mars 1671.

LOUIS PAR LA GRACE DE DIEU ROY DE FRANCE ET DE NAVARRE : A tous pre-
sens & à venir, SALUT. Nos chers & bien amez Jean
Warin Sculpteur, Controlleur des poinçons & effigies,
& Tailleur general des Monnoyes de France, Charles
Errard, Jean Nocret, Antoine Stella & Benoist Sarrazin
Peintres, François Girardon Sculpteur, Thomas Merlin,
Claude Ballin & Louis Loire Orfévres, Guillaume Sanson Geographe, Laurent Tessier de Montarsy Orfévre
en or, Victorio Siri, & Theophraste Renaudot Historiographes, Henry Martinot & Henry Bidault nos Horlogers & Valets de Chambre, Jean Dominique Cassin
Mathematicien, François Marie Bourzon Peintre en
paysages & marines, Jean le Févre Tapissier en haute-
lisse, Charles Vigarani Inventeur de machines, Louis
du Pont Tapissier és ouvrages de Levant, Claude Mellan
Peintre & Graveur en taille douce, Vincent Petit Orfévre & Sculpteur en bronze, Jean Massé Menuisier faiseur de cabinets & tableaux en marqueterie de bois,
Jean Valdor Peintre & Dessignateur, Henry Petit Fourbisseur Doreur & Damasquineur, Israël Silvestre Graveur en eau forte & Dessignateur, Sebastien-Mabre-
Cramoisy nostre Imprimeur, Dominique Lherminot
Peintre & Brodeur, Jacques Bailly Peintre en Mignature

& faiseur d'ouvrages façon de la Chine, Philippe le Bas
Ouvrier d'Instrumens de Mathematiques, & Bertrand
Piraube Armurier, demeurans tous en noftre Gallerie
du Louvre ; Nous ont fait tres-humblement remontrer
qu'aprés que le feu Roy Henry le Grand noftre ayeul
de glorieufe memoire, eut accordé la Paix à fes ennemis,
il eftima qu'il n'en pouvoit goufter les fruits plus agréa-
blement, qu'en rétabliffant dans fon Royaume l'exercice
des plus beaux Arts, que les longues guerres étrangeres
& inteftines en avoient bannis, afin de les employer à la
decoration d'un Etat qui luy eftoit fi cher & fi pretieux ;
Et pour plus facilement y attirer les Eftrangers qui ef-
toient pour lors dans la plus grande reputation d'y ex-
celler, foit pour la Peinture, Sculpture, Graveure, Orfévrerie, & autres vaccations ; outre plufieurs marques
de fa bienveillance qu'il leur départit liberalement, il
voulut les faire loger au-deffous de fa grande Gallerie du
Louvre, qu'il fit difpofer à cét effet, afin de les diftin-
guer du commun des autres artifans, & d'exciter par
cette marque d'honneur dans l'efprit d'un chacun, une
loüable émulation de fe perfectionner d'avantage dans
fa profeffion ; ajouftant à toutes ces graces plufieurs Privileges confiderables au long fpecifiez dans les Lettres
Patentes qu'il leur accorda au mois de Decembre mil fix
cens huit, qui furent regiftrées en noftre Cour de Parlement le 9. Janvier enfuivant ; lefquels Privileges furent depuis augmentez par le feu Roy noftre tres-ho-
noré Seigneur & Pere de triomphante memoire, de l'ex-
emption de la garde des portes de la Ville, par fon Ordonnance du 15. Mars 1617. & par Nous du depuis des
taxes qui fe font pour les pauvres, les lanternes, le pavé,

les bouës, & de toutes autres charges & cottisation de la
Ville, pour quelques causes & consideration que ce soit,
suivant nostre Brevet du 23. Janvier 1648. De tous les-
quels Privileges & exemptions ils ont joüy depuis le
temps de leur concession, & joüissent encore à present,
sans aucun trouble ni empeschement. Mais d'autant que
depuis nostre avenement à la Couronne & nostre majo-
rité, ils n'ont esté confirmez, lesdits Exposans se sont
retirez pardevers Nous, humblement requerans nos Lettres à ce necessaires ; A quoy inclinant, & d'autant plus
volontiers, que depuis que Nous avons donné la Paix à
toute l'Europe, Nous n'avons point eu de plus agreable
divertissement que d'orner & d'embellir nos Maisons
Royales, & les Edifices publics, de tout ce que les plus
beaux Arts peuvent produire de plus achevé, & que nous
prenons un singulier plaisir de donner des marques de
nostre estime & de nostre bienveillance à tous ceux qui
dans leur profession se sont acquis une reputation ex-
traordinaire ; non-seulement dans l'étenduë de nostre
Royaume, mais encore dans les pays les plus éloignez,
& que par un si beau & si utile moyen, nous bannissons
la faineantise de nostre Royaume : Et voulant favorablement traiter lesdits Exposans, par la continuation de nos
graces : A CES CAUSES, de nostre grace speciale,
pleine puissance & autorité Royale ; en agréant, autori-
sant & confirmant lesdites Lettres Patentes de concession desdits Privileges, Ordonnance & Brevet d'augmentation d'iceux cy-attachez sous nostre contrescel, Nous
avons par ces presentes signées de nostre main, maintenu, gardé, & confirmé ; maintenons, gardons &
confirmons lesdits Exposans, leurs Enfans, Apprentis

& Veuves en viduité, en possession & joüissance d'iceux,
tout ainsi que ceux qui les ont précedez, Voulans qu'ils
en joüissent pleinement & paisiblement à l'avenir, de
mesme qu'ils en ont bien & deuëment joüy par le passé,
& qu'ils en joüissent encore à present. SI DONNONS
en mandement à nos amez & feaux les Gens tenans nos
Cours de Parlement, Prevost de Paris ou son Lieutenant.
Et à tous Baillis, Seneschaux, Prevosts, Juges, ou leurs
Lieutenans, & autres Officiers qu'il appartiendra, que
ces presentes ils ayent à registrer, & du contenu en icelles faire joüir & user lesdits Exposans, leurs Veuves en
viduité, leurs Enfans & Apprentis plainement & paisiblement ; cessant & faisant cesser tous troubles & em-
peschemens à ce contraire : CAR tel est nostre plaisir ;
nonobstant tous Arrests, Declarations, & Reglemens
qui pourroient porter préjudice ausdits Privileges, aus-
quels & à la dérogatoire de la dérogatoire d'icelle, Nous
avons dérogé & dérogeons de nostre mesme puissance &
autorité. Et afin que ce soit chose ferme & stable à toûjours, Nous avons fait mettre nostre scel à cesdites presentes. Et d'autant que l'on en pourra avoir affaire en
plusieurs & divers lieux, Nous voulons qu'au vidimus
d'icelles, ou copies deuëment collationnées par l'un de
nos amez & feaux Conseillers Secretaires, foy soit ajoustée comme au present Original. DONNE à Saint Germain en Laye au mois de Mars, l'an de grace mil six cens
soixante-onze, & de nostre Regne le vingt-huitiéme.
Signé, LOUIS. *Et sur le reply*, Par le Roy, COLBERT.
A costé, VISA. *Et scellées du grand Sceau de cire verte sar*
lacs de soye rouge & verte, & contrescellées.

Et sur ledit reply est encore écrit, Registrées, Oüy le

Procureur general du Roy, pour eſtre executées & joüir par les Impetrans, leurs hoirs & ayans cauſe de l'effet & contenu en icelles, ainſi qu'ils en ont bien & deuëment joüy & uſé, joüiſſent & uſent encore de preſent, ſelon leur forme & teneur. A Paris en Parlement le cinquiéme May mil ſix cens ſoixante-onze. *Signé*, DU TILLET.

Arreſt de la Cour de Parlement, pour l'Enregiſtrement des Lettres de Confirmation.

Extrait des Regiſtres de Parlement.

VEU par la Cour les Lettres Patentes du Roy données à Saint Germain en Laye au mois de Mars dernier, ſignées, LOUIS, & ſur le reply, Par le Roy, COLBERT, & ſcellées ſur lacs de ſoye du grand Sceau de cire verte, obtenuës par Jean Warin Sculpteur, Controlleur des poinçons & effigies, & Tailleur general des Monnoyes de France, Charles Errard, Jean Nocret, Antoine Stella, & Benoiſt Sarrazin Peintres, François Girardon Sculpteur, Thomas Merlin, Claude Ballin & Louis Loire Orfévres, Guillaume Sanſon, Laurent le Teſſier de Montarſy Orfévre en or, Victorio Siri, & Theophraſte Renaudot, Henry Martinot & Henry Bidault Horlogers & Valets de Chambre du Roy, Jean Dominique Caſſin Mathematicien, François Marie Bourzon Peintre de payſages & marines, Jean le Févre Tapiſſier en haute liſſe, Charles Vigarani Inventeur des machines, Louis du Pont Tapiſſier és Ouvrages de Levant, Claude Mellan Peintre & Graveur en taille douce, Vincent Petit Orfévre & Sculpteur en bronze, Jean Maſſé Menuiſier faiſeur de cabinets & tableaux en marqueterie de bois, Jean Valdor Peintre, Henry Petit Fourbisseur & Doreur, Israël Silvestre Graveur en eau forte & Dessignateur, Sebastien Mabre-Cramoisy Imprimeur, Dominique Lherminot Peintre & Brodeur, Jacques Bailly Peintre en Mignature, Philippe le Bas Ouvrier d'instrumens, & Bertrand Piraube Armurier, demeurans tous en la Gallerie du Louvre, par lesquelles & pour les causes y contenuës ledit Seigneur R O Y auroit maintenu, gardé & confirmé les Impetrans, leurs Enfans, Apprentis & Veuves en viduité, en possession & joüissance des Privileges concedez & accordez par les Lettres Patentes de l'année 1608. par l'Ordonnance du 13. Mars 1617. & Brévet du 23. Janvier 1648. tout ainsi que ceux qui les ont précedez. Veut qu'ils en joüissent pleinement & paisiblement à l'avenir, de mesme qu'ils en avoient bien & deuëment joüy par le passé, & qu'ils en joüissent encore presentement, ainsi que plus au long le contiennent lesdites Lettres à la Cour adressantes : Requeste des Impetrans à fin d'enregistrement d'icelles : Conclusions du Procureur general du Roy: & tout consideré, L A D I T E C O U R a ordonné & ordonne, que lesdites Lettres seront registrées au Greffe, pour estre executées, & joüir par les Impetrans, leurs hoirs, & ayant cause de l'effet & contenu en icelles, ainsi qu'ils en ont bien & deuëment joüy jusqu'à present, selon leur forme & teneur. F A I T en Parlement le cinquiéme May mil six cens soixante-onze. *Signé,* D U T I L L E T.

Arrest sur Requeste pour l'Enregistrement à la Police.

Extrait des Registres du Greffe de la Chambre de Monsieur le Procureur du Roy au Chastelet de Paris, premier Juge Conservateur des Corps des Marchands, Arts & Mestiers, Maistrises & Jurandes de cette Ville, Fauxbourg & Banlieuë. Du Samedy sixiéme Juin 1671.

SOnt comparus Jean Warin Sculpteur, Controlleur des poinçons & effigies, & Tailleur general des Monnoyes de France, Charles Errard, Jean Nocret, Antoine Stella & Benoist Sarrazin Peintres, François Girardon Sculpteur, Thomas Merlin, Claude Ballin & Louis Loire Orfévres, Guillaume Sanson Geographe, Laurent le Tessier de Montarsy Orfévre en or, Victorio Siri, & Theophraste Renaudot Historiographes, Henry Martinot & Henry Bidault Horlogers & Valets de Chambre du Roy, Jean Dominique Cassin Mathematicien, François Marie Bourzon Peintre en paysages & marines, Jean le Févre Tapissier en haute-lisse, Charles Vigarani Inventeur en machines, Louis du Pont Tapissier és ouvrages de Levant, Claude Mellan Peintre & Graveur en Taille douce, Vincent Petit Orfévre & Sculpteur en bronze, Jean Maslé Menuisier faiseur de Cabinets & tableaux en marqueterie de bois, Jean Valdor Peintre & Dessignateur, Henry Petit Fourbisseur, Doreur & Damasquineur, Israël Silvestre Graveur en eau forte & Dessignateur, Sebastien Mabre-Cramoisy Imprimeur du Roy, Dominique Lherminot Peintre & Brodeur,

deur, Jacques Bailly Peintre en Mignature, & faiſeur d'ouvrages façon de la Chine, Philippe le Bas Ouvrier d'Inſtrumens de Mathematiques, & Bertrand Piraube Armurier,
tous demeurans en la Gallerie du Louvre ; Leſquels nous
ont dit qu'il a pleu à ſa Majeſté renouveller & confirmer
leurs Privileges par ſes Lettres Patentes du mois de Mars
dernier, verifiées en Parlement le 5. May auſſi dernier ;
deſquelles ils nous requierent la publication & enregiſtrement en noſtre Chambre, pour eſtre executées conformément à icelle, & audit Arreſt. Nous faiſant droit ſur ledit requiſitoire, avons donné acte auſdits Warin & con-
ſors de la repreſentation deſdites Lettres Patentes données par ſa Majeſté au mois de Mars dernier, & Arreſt
de verification d'icelles en la Cour le 5. May auſſi dernier ;
leſquelles ſeront regiſtrées és Regiſtres du Greffe de noſtre Chambre, pour eſtre executées ſelon leur forme &
teneur, & y avoir recours quand beſoin ſera, & joüir par
les Impetrans, leurs Veuves en viduité, Enfans, & Apprentis de l'effet & contenu en icelles, conformément à
l'Arreſt d'enregiſtrement. DONNE' par nous Armand
Jean de Ryantz Chevalier Baron de Riveray, la Galiſiere,
& autres lieux, Conſeiller du Roy en ſes Conſeils, & ſon
Procureur audit Chaſtelet, des jour & an que deſſus.
Signé, GALOIGNE.

A Tous ceux qui ces preſentes Lettres verront, Achil-
les de Harlay Chevalier, Conſeiller du Roy en ſes
Conſeils, ſon Procureur general, & Gardé de la Prevoſté & Vicomté de Paris le Siege vaccant, SALUT.
Sçavoir faiſons, que veû les Lettres Patentes du Roy
données à S. Germain en Laye au mois de Mars dernier,

ſignées, L O U I S. & ſur le reply, Par le Roy, COLBERT. & ſcellées du grand Sceau de cire verte, obtenuës & impetrées par Jean Warin Sculpteur Controlleur des poinçons & effigies, & Tailleur general des monnoyes de France, Charles Errard, Jean Nocret, Antoine Stella, & Benoiſt Sarrazin Peintres, François Girardon Sculpteur, Thomas Merlin, Claude Ballin, & Louis Loire Orfévres, Guillaume Sanſon Geographe, Laurent le Teſſier de Montarſy Orfévre en or, Victorio Siri & Theophraſte Renaudot Hiſtoriographes, Henry Martinot & Henry Bidault Horlogers & Valets de Chambre du Roy, Jean Dominique Caſſini Mathematicien, François Marie Bourzon Peintre en payſages & marines, Jean le Févre Tapiſſier de haute-liſſe, Charles Vigarani Inventeur de Machines, Louis du Pont Tapiſſier és Ouvrages de Levant, Claude Mellan Peintre & Graveur en taille-douce, Vincent Petit Orfévre & Sculpteur en bronze, Jean Maſſé Menuiſier faiſeur de cabinets & tableaux en marqueterie, Jean Valdor Peintre & Deſſignateur, Henry Petit Fourbiſſeur, Doreur & Damaſquineur, Iſraël Silveſtre Graveur en eau forte & Deſſignateur, Sebaſtien Mabre-Cramoiſy Imprimeur du Roy, Dominique Lherminot Peintre & Brodeur, Jacques Bailly Peintre en Mignature & faiſeur d'ouvrages façon de la Chine, Philippes le Bas Ouvrier d'Inſtrumens de Mathematiques, & Bertrand Piraube Armurier, demeurans tous en la Gallerie du Louvre; par leſquelles Lettres, & pour les cauſes y contenuës, apert ſa Majeſté, en agréant, autoriſant & confirmant les Lettres Patentes de conceſſion des Privileges accordez aux Ouvriers demeurans en ladite Gallerie du Louvre par le défunt Roy Henry

le Grand au mois de Decembre 1608. l'Ordonnance &
Brevet d'augmentation defdits Privileges accordez tant
par le défunt Roy Louis X I I I le 15. Mars 1617. que par
fadite Majefté le 23. Janvier 1648. avoir lefdits Impetrans
maintenu, gardé & confirmé, leurs Enfans, Apprentis, & Veuves en viduité, en poffeffion & jouïffance d'i-
ceux, le tout ainfi que ceux qui les ont précedez ; voulant fadite Majefté qu'ils en jouïffent pleinement & paifi-
blement à l'avenir, de mefme qu'ils en ont bien & deuëment joüy par le paffé, & qu'ils en jouïffent encore à
prefent, & comme il eft plus au long porté par lefdites
Lettres : Veû auffi l'Arreft de la Cour du 5. May dernier,
portant que lefdites Lettres feront regiftrées au Greffe
d'icelle, pour eftre executées & oüir par les Impetrans,
leurs hoirs & ayant caufe de l'effet & contenu d'icelles,
ainfi qu'ils en ont bien & deuëment joüy jufqu'à prefent : & la Requefte à Nous prefentée par lefdits Impetrans auffi à fin d'enregiftrement & execution defdites
Lettres ; fur laquelle Requefte aurions ordonné qu'elle
feroit montrée au Procureur du Roy, lequel aprés avoir
veû lefdites Lettres, auroit baillé fes Conclufions au bas
de ladite Requefte le 8. des prefent mois & an pour l'enregiftrement & execution d'icelles : Nous difons que lefdites Lettres feront regiftrées au Greffe de la Police, &
au Regiftre des Bannieres, pour eftre executées felon
leur forme & teneur : & joüir par lefdits Impetrans,
leurs Veuves en viduité, Enfans, & Apprentis : de l'effet
& contenu d'icelles, ainfi qu'ils en ont joüy par le paffé,
& jouïffent encore à prefent ; en témoin de quoy, Nous
avons fait fceller ces prefentes. Ce fut fait & donné par
Meffire Gabriel Nicolas de la Reynie, Confeiller du Roy

C ij

en ſes Conſeils d'Eſtat & Privé, Maiſtre des Requeſtes
ordinaire de ſon Hoſtel, & Lieutenant de Police de la
Ville, Prevoſté & Vicomté de Paris, le Mardy 9. Juin
1671. *Signé*, SAGOT.

Regiſtrées, Oüy ſur ce le Procureur du Roy au Chaſtelet de Paris, ſuivant la Sentence renduë par Monſieur
de la Reynie, Lieutenant de Police, ce jourd'huy 9. jour
de Juin 1671. *Signé*, SAGOT.

Regiſtrées, Oüy ſur ce le Procureur du Roy du Chaſtelet de Paris, au treiziéme Volume des Bannieres du
Chaſtelet de Paris, pour eſtre executées, & joüir par les
Impetrans, Enfans, Apprentis, & Veuves en viduité, de
l'effet & contenu en icelles, ainſi qu'ils ont bien & deuëment joüy, & joüiſſent encore à preſent, ſelon leur forme & teneur, & ce ſuivant la Sentence donnée par Monſieur de la Reynie, Lieutenant de Police, ce jourd'huy
9. Juin 1671. Fait audit Chaſtelet ledit jour 9. de Juin
1671. *Signé*, GARNIER.

*Ordonnance du Roy pour l'Enregiſtrement des
Lettres cy-deſſus, à la Cour des Monnoyes.*

LOUIS, par la grace de Dieu Roy de France & de
Navarre, A nos amez & feaux Conſeillers les Gens
tenans noſtre Cour des Monnoyes à Paris, SALUT.
Nos chers & bien amez les Maiſtres des Arts & Meſtiers
établis en noſtre Gallerie du Louvre, Nous ont fait dire
& remontrer, que par nos Lettres de Declaration du
mois de Mars dernier, Nous aurions confirmé les privileges qui leur ont eſté octroyez par le feu Roy Henry le

Grand nostre ayeul de glorieuse memoire, ainsi qu'il est particulierement specifié par nosdites Lettres. Et d'autant que par inadvertence elles ne vous ont esté adressées, & qu'à cette occasion vous pourriez faire difficulté de les faire publier & enregistrer, s'il ne vous apparoissoit sur ce nostre volonté & intention : A CETTE CAUSE, Nous vous mandons & ordonnons par ces presentes signées de nostre main, que nosdites Lettres de Declaration verifiées en nostre Cour de Parlement, cy-attachées sous nostre contrescel, vous ayez à faire lire, publier & enregistrer purement & simplement, encore que l'adresse ne vous en ait esté faite par icelles : Car tel est nostre plaisir. Donné à Versailles le vingt-septiéme jour de Janvier, l'an de grace mil six cens soixante-douze, & de nostre regne le vingt-neuviéme. *Signé*, LOUIS. *& plus bas*, Par le Roy, COLBERT. *& scellé du grand Sceau de cire jaune.*

Registré, Oüy & ce requerant le Procureur general du Roy, pour estre executées, aux charges portées par l'Arrest de ce jourd'huy. En la Cour des Monnoyes le 24. Fevrier 1671. *Signé*, HERARDIN.

Arrest de la Cour des Monnoyes, pour l'Enregistrement des Lettres cy-dessus.

Extrait des Registres de la Cour des Monnoyes.

VEU par la Cour les Lettres Patentes du Roy données à S. Germain en Laye au mois de Mars 1671. Signées, LOUIS. & sur le reply, Par le Roy, COLBERT. & scellées en lacs de soye du grand Sceau de cire verte, obtenuës par Jean Warin, Sculpteur Contrôlleur des poinçons & effigies, & Tailleur general des monnoyes de France, Charles Errard, Jean Nocret, Antoine Stella & Benoist Sarrazin Peintres, François Girardon Sculpteur, Thomas Merlin, Claude Ballin & Louis Loire Orfévres, Guillaume Sanson Geographe, Laurent le Tessier de Montarsy Orfévre en or, Victorio Siri & Theophraste Renaudot Historiographes, Henry Martinot & Henry Bidault Horlogers & Valets de Chambre du Roy, Jean Dominique Cassini Mathematicien, François Marie Bourzon Peintre en paysages & marines, Jean le Févre Tapissier de haute lisse, Charles Vigarani Inventeur de machines, Louis du Pont Tapissier ès ouvrages de Levant, Claude Mellan Peintre & Graveur en taille-douce, Vincent Petit Orfévre & Sculpteur en bronze, Jean Massé Menuisier faiseur de Cabinets & tableaux en marqueterie de bois, Jean Valdor Peintre & Dessignateur, Henry Petit Fourbisseur, Doreur & Damasquineur, Israël Silvestre Graveur en eau forte & Dessignateur, Sebastien Mabre-Cramoisy Imprimeur du Roy, Dominique Lherminot Peintre & Brodeur, Jacques Bailly Peintre en Mignature & faiseur d'ouvrages façon de la Chine, Philippe le Bas Ouvrier d'Instrumens de Mathematiques, & Bertrand Piraube Armurier, tous demeurans en la Gallerie du Louvre; Par lesquelles & pour les causes y contenuës, Sa Majesté auroit maintenu, gardé, & confirmé les Impetrans, leurs Enfans, Apprentis & Veuves en viduité, en possession & joüissance des Privileges concedez & accordez par les Lettres Patentes de l'année 1608. par l'Ordonnance du 13. Mars 1617. & Brevet du 23. Janvier 1648. tout ainsi que ceux qui les ont précedez; veut qu'ils en joüissent pleinement & paisiblement à l'avenir,

de mefme qu'ils en avoient bien & deuëment joüy par
le paffé , & qu'ils en joüiffent encore prefentement,
ainfi que plus au long le contiennent lefdites Lettres :
Autres Lettres données à Verfailles le 27. Janvier 1672.
fiignées, LOUIS. & plus bas, Par le Roy, COLBERT,
& fcellées du grand Sceau de cire jaune ; par lefquel-
les Sa Majefté mande & ordonne à la Cour de faire lire,
publier & enregiftrer purement & fimplement lefdites
Lettres de confirmation du mois de Mars 1671. encore
que l'adreffe ne luy en ait été faite par icelle : Requefte
prefentée par les Maiftres des Arts & Meftiers établis
en ladite Gallerie du Louvre, à ce qu'il pluft à la Cour
ordonner l'enregiftrement defdites Lettres , pour eftre
executées felon leur forme & teneur, & joüir par leurs
Enfans, Apprentis & Veuves en viduité, de l'effet & contenu en icelles, ainfi qu'ils ont fait par le paffé jufques à
prefent : Arreft de la Cour du 7. Aouft 1609. intervenu
fur les Lettres du mois de Decembre 1608. Conclufions
du Procureur General du Roy : Oüy le rapport du Confeiller à ce commis ; tout confideré : LA COUR a ordonné
& ordonne que lefdites Lettres des mois de Mars 1671. &
27. Janvier dernier, feront regiftrées au Greffe, pour eftre
executées, & joüir par les Impetrans & autres Ouvriers
qui feront cy-aprés mis & logez par le Roy en ladite Gallerie du Louvre, leurs Enfans, Apprentis, & Veuves en
viduité , de l'effet & contenu en icelles. A la charge
conformément aufdits Arrefts du 7. Aouft 1609. de ne
tenir Boutique qu'en ladite Gallerie tant qu'ils y feront demeurans ; & au cas qu'ils en foient mis hors,
ne pourront joüir de la Maiftrife & tenir Boutique en
cette Ville de Paris & autres de ce Royaume , s'ils n'ont

demeuré & servi cinq années continuelles en ladite Gallerie ; & outre que les Apprentis qui seront pris par lesdits Orfévres, seront tenus servir le temps de huit années
en Apprentissage suivant les Ordonnances ; pendant lequel temps lesdits Maistres ne pourront prendre qu'un
Apprentif, sinon durant les deux dernieres années du
premier Apprentif ; les Brevets d'Apprentissage desquels
Apprentis seront registrez au Greffe de la Cour, pour y
avoir recours quand besoin sera, & de souffrir par lesdits
Orfévres & autres Justiciables de ladite Cour demeurans en ladite Gallerie, les visites & saisies des Commis-
saires d'icelle. Et seront au surplus les Ordonnances, Arrests & Reglemens touchant le fait de l'Orfévrie par eux
gardez & observez selon leur forme & teneur. Ordonne
que lesdits Orfévres presteront le serment en la Cour en
tel cas requis & accoûtumé, pour ce fait estre leurs Poinçons insculpez, & leurs noms gravez sur la Table de cui-
vre du Greffe d'icelle, ainsi que les autres Maistres de
cette Ville de Paris. FAIT en la Cour des Monnoyes les
Semestres assemblez, le vingt-quatriéme Février mil six
cens soixante-douze. *Collationné, Signé*, HERARDIN.

Collationné aux Originaux par moy Conseiller
Secretaire du Roy, Maison Couronne de
France & de ses Finances.

Les Originaux de ces Privileges sont entre les mains de M. Girardon,
comme ils ont toûjours été chez le plus ancien de la Gallerie.